Caso CiberBullying
Informe Técnico

© S.ALCEGA.
Lulu Publishing inc., 2014
1ª edición: Noviembre 2014
ISBN: 978-1-326-07154-7

ÍNDICE

	Página
Antecedentes del incidente	1
Metodología	1
Recolección de datos	2
Comprobación huella digital	2
Descripción de las evidencias	2
Entorno del análisis	2
Herramientas utilizadas	2
Análisis de las evidencias	3
Información del sistema analizado	3
Características del Sistema	3-4
Datos de software	5
Programas instalados	5
Datos de red	6
Rutas IP	6
Datos del usuario	7
Datos de actividad reciente	8-9
Acciones del usuario y Eventos	9-11
Datos del chat	11
Volúmenes cifrados	11-12
Archivos Temporales de Internet	12
Búsqueda de imágenes relevantes para el estudio	13
Dominios y páginas visitadas	13-14
Búsqueda de URL,s y Archivos de interés	15
Datos de la dirección principal del email del sospechoso	16
Presuntas Víctimas del sospechoso	16-18
Mandamientos judiciales	19
Cronología	19
Conclusiones del informe	19
Recomendaciones a los padres	19
ANEXO Tabla de evidencias	20-21
ANEXO 1 Conversaciones del chat	22

Antecedentes del incidente.
Gracias a una denuncia por CiberBullying a la Unidad de Delitos Informáticos Lunix, se pretende llevar a cabo un Análisis Forense a un sistema propiedad de un sospechoso que tiene contacto con la víctima. Este análisis se realizará bajo la sospecha que desde éste equipo se están realizando actos delictivos y judicializables.
Se sospecha que éste distribuye contenido pedófilo por medio de internet.

Metodología.
Dado lo novedoso de la Informática Forense, se explica brevemente de qué manera se gestionan las investigaciones en el ámbito digital para que éstas tengan el máximo rigor (tanto legal como técnico), respetando los derechos de cada una de las partes implicadas en el proceso. En primer lugar se realiza un Estudio Preliminar del tipo delictivo al que nos enfrentamos y una vez se ha identificado cuales son los elementos relevantes para la investigación, se procede a la adquisición de datos o aseguramiento de prueba electrónica, proceso por el cual se obtiene copia de los datos que serán objeto de estudio, realizando siempre el análisis sobre la mencionada copia. Si es posible la adquisición se realiza "in situ" y en presencia de testigos, si se trata de una causa penal, lo habitual es que sea ante la figura del secretario judicial y en caso contrario se debería de hacer ante Notario. Lo más importante en este proceso es establecer una cadena de custodia de todas las fuentes de información analizadas, de forma que se garantice siempre la posibilidad de comprobar los resultados para cualquiera de las partes del proceso judicial. Durante el proceso de adquisición y siempre que sea técnicamente posible se debe calcular un hash o función resumen sobre la información obtenida y dejar constancia del mismo. El uso de hashes es una práctica aceptada en la comunidad internacional que permite comprobar a posteriori que se está trabajando exactamente sobre la información que se obtuvo en su día y que ésta no ha sido alterada. Posteriormente se entra en la fase de análisis, en la que dependiendo de las circunstancias del caso se prepara una o más estrategias para extraer una serie de conclusiones de la información de partida. Este proceso puede incluir el desarrollo de programas propios, la aplicación de filtros para ordenar y buscar correlación entre los datos que se dispone, la búsqueda de determinados patrones de actividad, etc. Se trata en definitiva de la fase de mayor complejidad técnica. Por último, una vez desarrolladas todas las gestiones anteriores y realizadas un estudio en profundidad de los resultados obtenidos por medio de los análisis realizados a las evidencias electrónicas, se procede a comentar las conclusiones que determinaran si la evidencia analizada ha cometido algún tipo de hecho delictivo. Se pretende llevar a cabo un Análisis Forense a un sistema propiedad de un sospechoso que tiene contacto con la víctima, Se hace La copia bit a bit de los datos del disco duro, se realiza por medio de la herramienta forense Access Data FTK Imager, en un disco duro, que con anterioridad ha sido totalmente wipeado (esterilizado), a través de un formateo a bajo nivel, para evitar cualquier tipo de contaminación en la evidencia. La copia realizada del ordenador del presunto autor de un presunto delito de distribución de contenido pedófilo por medio de internet. Es trasladado al laboratorio forense para analizarla con posterioridad, adjuntando al atestado policial el acta de adquisición de dicha prueba, quedando el ordenador original, totalmente precintado y custodiado por la Autoridad Judicial. por medio de la metodología anteriormente mencionada y utilizando la herramienta forense Access Data FTK Imager, se debe de realizar una copia de la memoria RAM de dicho ordenador puesto que la misma puede contener datos muy importantes para la investigación, siendo Trasladada a un disco duro esterilizado. Igualmente en el lugar de los hechos de debe de recoger toda aquella evidencia electrónica que pueda aportar datos para el esclarecimiento del hecho delictivo, manteniendo en todo momento un orden, puesto que antes de recoger cualquier tipo de prueba debe de ser fotografiada para demostrar que la misma se encontraba en dicho lugar.

1.- Recolección de datos.

Gracias a una denuncia por CiberBullying a la Unidad de Delitos Informáticos Lunix, se pretende llevar a cabo un Análisis Forense a un sistema propiedad de un sospechoso que tiene contacto con la víctima. Este análisis se realizará bajo la sospecha que desde éste equipo se están realizando actos delictivos y judicializables. Se sospecha que éste distribuye contenido pedófilo por medio de internet. Se hace fotografías de la escena y de las pertenencias del supuesto sospechoso. Se hizo una copia espejo del disco duro original a uno vacío formateado a bajo nivel, manteniendo la cadena de custodia del disco duro original, para poder analizar el sistema operativo, tanto los registros de Windows como las aplicaciones instaladas etc. Se hace una copia espejo de la memoria RAM con Access Data FTK Imager por contener datos volátiles, para la investigación en un disco duro vacío y formateado a bajo nivel para mantener la cadena de custodia. Se recogen en la inspección ocular las pertenencias del supuesto sospechoso.

2.- Comprobación huella digital.

Programa utilizado para la adquisición de su hash es:
Access Data FTK Imager.

HASH SHA1 MEMORIA RAM

0191407ee1b8e66a57d3fb7f37880ad6965395fc

HASH SHA1 ORIGINAL DISCO DURO

d36ea80459b20abc51872c3e3e22d1bef0b5ab54

HASH SHA1 COPIA ESPEJO DISCO DURO

d36ea80459b20abc51872c3e3e22d1bef0b5ab54

3.- Descripción de la evidencia.

Las evidencias es un disco duro del ordenador del presunto sospechoso.

4.- Entorno del análisis.

Para realizar el análisis se han utilizado diferente software como, OSforensic, Aida64, AccessData FTK Imager, autopsy, Win-UFO, y Internet Evidence Finder.

5.- Herramientas utilizadas.

- OSforensic:
Es un software comercial para recolectar evidencias y su posterior análisis.
- Aida64:
Es una utilidad de inventario para ordenadores Windows.
- Access Data FTK Imager:
Para adquisición de la memoria RAM y adquisición de los datos del disco duro.
- Win-UFO:
Análisis forense de sistemas operativos.
- Autopsy:
Es una plataforma de análisis forense digital.
- Internet Evidence Finder:
Es una solución de software de análisis forense digital utilizado por miles de forenses profesionales de todo el mundo para encontrar, analizar y evidencia digital actual que se encuentra en ordenadores.

6.- Análisis de las evidencias.

Como primera observación se puede constatar que hay en Mis documentos/Mis imágenes
Dos fotos y una supuesta foto que tiene los atributos de oculto.
 1.- high-s1.jpg
 2.- Scarface.jpg
 3.- Scarface.jpg (oculto)

- Después los datos principales del ordenador son:

Nombre del equipo: **Scarface**
Nombre de usuario: **Administrador**
Dominio de inicio de sesión: **Scarface**

Una vez analizado la estructura del sistema operativo y evidenciado datos un tanto sospechosos se procedido a un análisis más exhaustivo en el laboratorio forense. Después En el laboratorio forense Utilizando aplicaciones de análisis forense, se procedió a analizar el sistema operativo y empezar a evaluar el contenido orientado a la búsqueda de datos que contengan evidencias de un presunto delito de distribución de pornografía por internet.

7.- Información del sistema analizado.

Se hace un inventario del sistema Con Aida64 para comprobar que componentes tiene, capacidad del disco duro, Memoria RAM, procesos ejecutándose, tipo de sistema operativo que es etc.

7.1.- Características del sistema.
Sistema operativo
Propiedades del sistema operativo:
Nombre del SO	Microsoft Windows XP Professional
Nombre código del SO	Whistler
Idioma del SO	Español (alfabetización internacional)
Idioma de instalador del SO	Español (alfabetización internacional)
Tipo de kernel del SO	Uniprocessor Free (32-bit)
Versión del SO	5.1.2600 (WinXP RTM)
Service Pack del SO	Service Pack 3
Fecha de instalación del SO	15/12/2009
Raíz del SO	C:\WINDOWS

Información de la licencia:
Propietario registrado	Scarface
Organización registrada	
Procesadores cubiertos por la licencia	2
ID del producto	55274-640-0263172-23550
Clave del producto	B77QF-DP27W-4H68R-72B48-78RPD
Activación del producto (WPA)	No requerido

Sesión actual:
Nombre del equipo	Scarface
Nombre de usuario	Administrador
Dominio de inicio de sesión	Scarface
Tiempo de funcionamiento	3459 seg (0 días, 0 horas, 57 min, 39 seg)

Unidades físicas.

Tipo de partición	Unidad	Capacidad
NTFS	C:	3060 MB

Procesos.

Nombre del proceso	Nombre de archivo del proceso	Tipo
aida64.exe	D:\ANALIZADOR DE LOS COMPONENTES\aida64business400\aida64.exe	
ctfmon.exe	C:\WINDOWS\system32\ctfmon.exe	32 bits
dllhost.exe	C:\WINDOWS\system32\dllhost.exe	32 bits
Explorer.EXE	C:\WINDOWS\Explorer.EXE	32 bits
lsass.exe	C:\WINDOWS\system32\lsass.exe	32 bits
msnmsgr.exe	C:\Archivos de programa\Windows Live\Messenger\msnmsgr.exe	32 bits
services.exe	C:\WINDOWS\system32\services.exe	32 bits
smss.exe	C:\WINDOWS\System32\smss.exe	32 bits
spoolsv.exe	C:\WINDOWS\system32\spoolsv.exe	32 bits
svchost.exe	C:\WINDOWS\System32\svchost.exe	32 bits
svchost.exe	C:\WINDOWS\system32\svchost.exe	32 bits

Zona horaria:

Zona horaria actual   Hora de verano oriental
Descripción de la zona horaria actual   (GMT-05:00) Hora oriental (EE.UU)
Cambiar a horario normal   First Sunday of November 2:00:00
Cambiar a horario de verano 2nd Sunday of March 2:00:00

Idioma:

Nombre del idioma (nativo)   español
Nombre del idioma (en inglés)   Spanish
Nombre del idioma (ISO 639)   es

País/Región:

Nombre del país (nativo)   España
Nombre del país (en inglés)   Spain
Nombre del país (ISO 3166)   ES
Código del país   34
Tiempo en funcionamiento

Sesión actual:

Hora del último apagado   24/06/2014 5:27:57
Hora del último arranque   24/06/2014 5:36:55
Hora actual   24/06/2014 6:34:53
Tiempo de funcionamiento   3491 seg (0 días, 0 horas, 58 min, 11 seg

Estadísticas del tiempo de funcionamiento:

Hora del primer arranque	19/12/2009 20:06:27
Hora del primer apagado	19/12/2009 20:01:24
Tiempo de funcionamiento total	142337981 seg (1647 días, 10 horas, 19 min, 41 seg)
Tiempo total de inactividad	841 seg (0 días, 0 horas, 14 min, 1 seg)
Tiempo de actividad más largo	142334490 seg (1647 días, 9 horas, 21 min, 30 seg)
Tiempo de inactividad más largo	538 seg (0 días, 0 horas, 8 min, 58 seg)

Programas instalados

- Windows Internet Explorer 8 — 20090308.140743 — 2009-12-19
- Windows Live Asistente para el inicio de sesión [español (alfabetización internacional)] — 5.000.818.5 — 2009-12-15
- Windows Live Call [español (alfabetización internacional)] — 14.0.8064.0206 — 2009-12-15
- Windows Live Communications Platform — 14.0.8098.930 — 2009-12-15
- Windows Live Essentials [spanish (spain)] — 14.0.8089.0726
- Windows Live Essentials [spanish (spain)] — 14.0.8089.726 — 2009-12-15
- Windows Live Messenger [español (alfabetización internacional)]
- TrueCrypt
- IrfanView (remove only) — Desconocido — IrfanView
- Google Chrome

8.- Datos del software.

Se han encontrado evidencias de software para el Cifrado de datos o volúmenes que puedan ocultar una ruta donde contenga imágenes etc.

El sistema tiene instaladas aplicaciones no instaladas por defecto en el sistema operativo que son:

TrueCrypt: Herramienta utilizada para crear volúmenes cifrados.
Google Chrome: Navegador de internet que deja pocos rastros de la navegación.

Si analizamos estos programas y tenemos en cuenta los datos aportados al principio podemos afirmar que efectivamente el sospechoso Scarface, puede estar ocultando información que pudiera comprometerle e incriminarle ante un ilícito penal.

9.- Datos de red.

Propiedades del adaptador de red:

Adaptador de red	VMware Accelerated AMD PCNet Adapter
Tipo de interfaz	Ethernet
Dirección del hardware	00-0C-29-90-4F-43
Nombre de la conexión	Conexión de área local
Velocidad de la conexión	1000 Mbps
MTU	1500 bytes
Concesión DHCP obtenida	24/06/2014 6:21:59
La concesión DHCP caduca	24/06/2014 6:51:59
Bytes recibidos	140773195 (134.3 MB)
Bytes enviados	2063463 (2.0 MB)

Direcciones del adaptador de red:

IP / Máscara de subred	192.168.22.131 / 255.255.255.0
Puerta de enlace	192.168.22.2
DHCP	192.168.22.254
WINS	192.168.22.2
DNS	192.168.22.2

10.- Rutas IP.

Destino de red	Máscara de subred	Puerta de enlace		Interfaz
0.0.0.0	0.0.0.0	192.168.22.2	192.168.22.131	(Adaptador Ethernet PCI AMD PCNET Family - Minipuerto del administrador de paquetes)
127.0.0.0	255.0.0.0	127.0.0.1	127.0.0.1	(MS TCP Loopback interface)

11.- **Datos del usuario.**

User Name	Profile Path	Last Load Time	Folder Created Time
NT AUTHORITY\SYSTEM	C:\WINDOWS\system32\config\systemprofile		15/12/2009 3:37:45
NT AUTHORITY\Servicio de red	C:\Documents and Settings\Networ Service	24/06/2014 5:36:55	15/12/2009 3:40:29
NT AUTHORITY\SERVICIO LOCAL	C:\Documents and Settings\LocalService	24/06/2014 5:36:55	15/12/2009 3:40:36
Scarface\Administrador	C:\Documents and Settings\Adminitrador	24/06/2014 5:36:59	15/12/2009 3:41:12

En el sistema operativo solo se encuentra registrado un usuario como administrador que es: Scarface\Administrador

12.- Datos de actividad reciente.

Filename	Modified Time	Created Time	Execute Time	Stored In
C:\Documents and Settings\Administrador\Mis documentos\Mis archivos recibidos\scarface1fisica2116545031\Historial\preciosa.natalia3867614105.xml	19/12/2009 22:26:34	15/12/2009 5:33:00	19/12/2009 23:04:49	Recent Folder
C:\Documents and Settings\Administrador\Mis documentos\Mis imágenes	20/12/2009 0:11:52	15/12/2009 3:41:28	20/12/2009 0:11:52	Recent Folder
C:\Documents and Settings\Administrador\Mis documentos\Mis imágenes\lunar.jpg	15/12/2009 3:41:28		19/12/2009 22:19:18	
C:\Documents and Settings\Administrador\Mis documentos\Mis imágenes\pijamada1.jpg		19/12/2009 22:22:53		Recent Folder
:\Documents and Settings\Administrador\Mis documentos\Mis imágenes\pijamada2.gif				Recent Folder
C:\Documents and Settings\Administrador\Mis documentos\Mis imágenes\Scarface.jpg	19/11/2009 12:15:07	19/11/2009 12:15:05	19/12/2009 22:30:39	Recent Folder
C:\Documents and Settings\Administrador\Mis documentos\Mis imágenes\sexy (1).jpg				Registry
C:\Documents and Settings\Administrador\Mis documentos\Mis imágenes\sexy (2).jpg				Registry
C:\Documents and Settings\Administrador\Mis documentos\Mis imágenes\sexy (3).jpg				Registry
C:\Documents and Settings\Administrador\Mis documentos\Mis imágenes\sexy (4).jpg				Registry
C:\Documents and Settings\Administrador\Mis documentos\Mis imágenes\sexy (5).jpg				Registry
C:\Documents and Settings\Administrador\Mis documentos\Mis imágenes\sexy (6).jpg			20/12/2009 0:11:27	Registry
C:\Documents and Settings\Administrador\Mis documentos\Mis archivos recibidos\scarface1fisica2116545031\Historial	19/12/2009 22:26:34	15/12/2009 5:33:00	19/12/2009 23:04:49	Recent Folder

C:\WINDOWS\$NtUninstallKB954155_WM9$\spuninst\TrueCrypt.exe	19/12/2009 22:56:25	19/12/2009 22:56:25		Registry
C:\WINDOWS\$NtUninstallKB954155_WM9$\spuninst\TrueCrypt.exe	19/12/2009 22:56:25	19/12/2009 22:56:25		Registry
Z:\			20/12/2009 0:37:15	Recent Folder
Z:\sexy (1).jpg	20/12/2009 0:11:36	20/12/2009 0:11:34	20/12/2009 0:37:04	Recent Folder
Z:\sexy (2).jpg	20/12/2009 0:11:40	20/12/2009 0:11:38	20/12/2009 0:37:06	Recent Folder
Z:\sexy (3).jpg	20/12/2009 0:11:48	20/12/2009 0:11:45	20/12/2009 0:37:09	Recent Folder
Z:\sexy (4).jpg	20/12/2009 0:11:54	20/12/2009 0:11:52	20/12/2009 0:37:12	Recent Folder
Z:\sexy (5).jpg	20/12/2009 0:11:24	20/12/2009 0:11:20	20/12/2009 0:37:15	Recent Folder

Se encuentran evidencias en el disco duro de unos archivos de imagen con el nombre "sexy y pijamada" y el programa TrueCrypt. Si analizamos la actividad reciente, podemos ver que el mismo se encontraba en "C:\Documents and Settings\Administrador\Mis documentos\Mis imágenes", encontrándose dicha carpeta vacía, por lo que tendremos que tener en cuenta para tratar de recuperar los datos. Si también analizamos la actividad reciente encontramos una ruta que es "Z:\" y que según aparece en la actividad reciente contendría unas imágenes con el nombre sexy y que fue ejecutado esa ruta el 20/12/2009 a las 0:11:34

13.- Acciones del usuario y Eventos.

Time	Open file or folder	Filename	Execute
19/12/2009 23:37:04	Open file or folder	Z:\	Z:\
19/12/2009 23:37:06	Open file or folder	sexy (1).jpg	Z:\sexy (1).jpg
19/12/2009 23:37:09	Open file or folder	sexy (2).jpg	Z:\sexy (2).jpg
19/12/2009 23:37:12	Open file or folder	sexy (3).jpg	Z:\sexy (3).jpg
19/12/2009 23:37:12	Open file or folder	sexy (4).jpg	Z:\sexy (4).jpg
19/12/2009 23:37:15	Open file or folder	sexy (5).jpg	Z:\sexy (5).jpg
19/12/2009 22:04:49	Open file or folder	preciosa.natalia3867614105.xml	C:\Documents and Settings\Administrador\Mis documentos\ Mis archivos recibidos\scarface1fisica2116545031\Historial\preciosa.natalia3867614105.xml
19/12/2009 22:04:49	Open file or folder	Historia	C:\Documents and Settings\Administrador\Mis documentos\ Mis archivos recibidos\scarface1fisica2116545031\Historial

19/12/2009 22:04:49	Open file or folder	preciosa.natalia3867614105.xml	preciosa.natalia3867614105.xml C:\Documents and Settings\Administrador\Mis documentos\Mis archivos recibidos\scarface1fisica2116545031\Historial\preciosa.natalia3867614105.xml
19/12/2009 22:04:35	View Folder in Explorer	Historial	Mis archivos recibidos\scarface1fisica2116545031\Historial
19/12/2009 22:04:35	View Folder in Explorer	scarface1fisica2116545031	Mis archivos recibidos\scarface1fisica2116545031
19/12/2009 22:04:33	View Folder in Explorer	Mis archivos recibidos	Mis archivos recibidos
19/12/2009 22:02:30	View Folder in Explorer		Z:\
19/12/2009 21:57:42	Run .EXE file	TRUECRYPT FORMAT.EXE	C:\WINDOWS\$NTUNINSTALLKB954155_WM9$\
19/12/2009 21:57:42	Run .EXE file	TRUECRYPT FORMAT.EXE	spuninst\TRUECRYPT FORMAT.EXE
19/12/2009 21:56:26	Software Installation	TrueCrypt Setup.exe	C:\WINDOWS\$NtUninstallKB954155_WM9$
19/12/2009 21:56:26	Software Installation	TrueCrypt Setup.exe	spuninst\TrueCrypt Setup.exe
19/12/2009 21:55:33	Run .EXE file	TRUECRYPT SETUP 6.3A.EXE	C:\DOCUMENTS AND SETTINGS\ADMINISTRADOR\MIS DOCUMENTOS\DOWNLOADS\TRUECRYPT SETUP 6.3A.EXE
19/12/2009 21:44:53	View Folder in Explorer	Mis documentos	C:\Documents and Settings\Administrador\Mis documentos
19/12/2009 21:43:05	Run .EXE file	TIMESTOMP.EXE	C:\DOCUMENTS AND SETTINGS\ADMINISTRADOR\

19/12/2009 21:30:39	Open file or folder	Scarface.jpg	C:\Documents and Settings\Administrador\Mis documentos\Mis imágenes\Scarface.jpg
19/12/2009 21:22:53	Open file or folder	pijamada1.jpg	C:\Documents and Settings\Administrador\Mis documentos\Mis imágenes\pijamada1.jpg
19/12/2009 21:22:48	Open file or folder	pijamada2.jpg	C:\Documents and Settings\Administrador\Mis documentos\Mis imágenes\pijamada3.jpg

14.- Datos del chat.

Se encuentras evidencias de conversaciones mantenidas en el chat QQ y en el Windows Live Messenger / MSN entre el sospechoso Scarface y la víctima y una tercera persona llamada Camila después El contenido de las conversaciones, han sido recuperadas del archivo pagefile.sys por el programa Internet Evidence Finder v6.2. y que se detallan en el anexo.

La **primera conversación empieza el 20/12/2009 03:31:05 y termina 20/12/2009 02:21:15** y se adjunta al anexo las conversaciones mantenidas.

15.- Volumen cifrado con TrueCrypt.

Lanzamos la aplicación TrueCrypt, localizada en la ruta."**WINDOWS\\$NtUninstallKB954155_WM9$\spuninst** "no siendo su carpeta por defecto yEncontrándose en una ruta no convencional y con intención de ocultarlo. Utilizamos como contraseña los datos recolectados sobre nombres de Usuario y password y probamos todas las combinaciones posibles, **obteniendo la key válida"Scarface"**

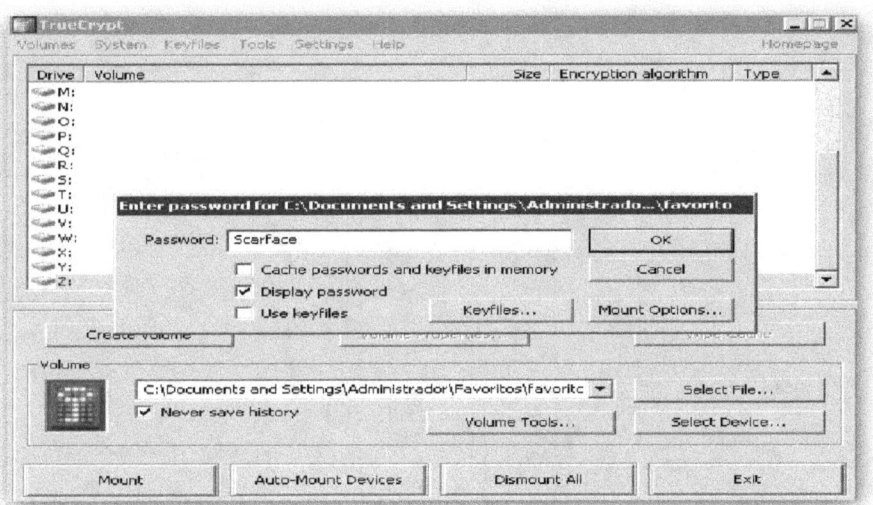

Se procede a montar el volumen en la Unidad "Z" y se localizan las Imágenes de carácter pedófilo del sospechoso.

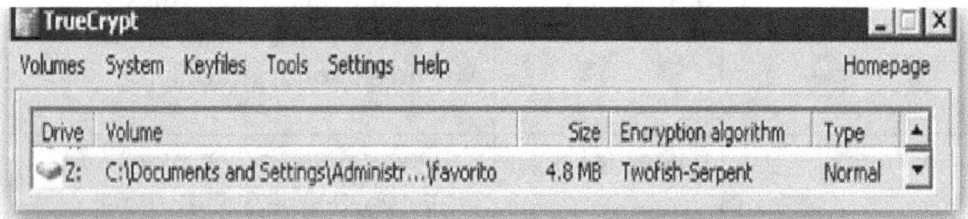

```
)df22d","Z:\\NONAME [FAT16]\[root]\lunar.jpg"
2765c6","Z:\\NONAME [FAT16]\[root]\pijamada1.jpg"
f9ccf17","Z:\\NONAME [FAT16]\[root]\pijamada2.gif"
:d37c0","Z:\\NONAME [FAT16]\[root]\pijamada3.jpg"
59c347","Z:\\NONAME [FAT16]\[root]\sexy (1).jpg"
031d22","Z:\\NONAME [FAT16]\[root]\sexy (2).jpg"
22d9","Z:\\NONAME [FAT16]\[root]\sexy (3).jpg"
97818","Z:\\NONAME [FAT16]\[root]\sexy (4).jpg"
849c0","Z:\\NONAME [FAT16]\[root]\sexy (5).jpg"
3f81f2","Z:\\NONAME [FAT16]\[root]\sexy (6).jpg"
```

La fecha y hora de las imágenes guarda relación con el horario establecido en las comunicaciones a través del MSN con las presuntas víctimas.

16.- Archivos Temporales de Internet.

Efectuaremos dos búsquedas diferenciadas, una incidiendo en las imágenes cacheadas y otra sobre las url,s visitadas y demás datos de interés sobre la Ruta: "Documents and Settings\Administrador\Configuración local\Archivos Temporales de Internet\Content.IE5"

Búsqueda de Imágenes de carácter Pedófilo: Para ello utilizamos la herramienta "OSforensic" y Observamos imágenes de contenido pedófilo Para obtener un listado y catálogo de las imagenes, y se procede a visionar. dicha ruta con el programa "AccessData FTK Imager" obteniendo lo siguiente:

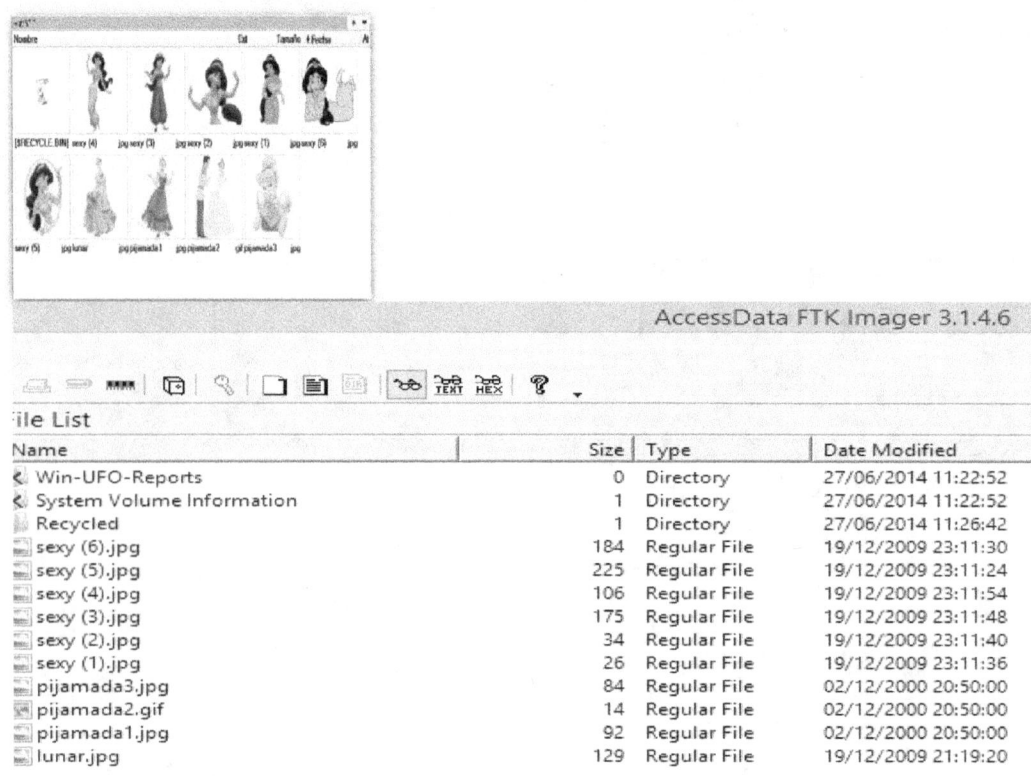

16.1 Búsqueda de Imágenes relevantes para el estudio.

Se puede observar que existen imágenes de las que se pueden catalogar como de "niños/as" adolescentes. Corresponden a una serie "High School Music" muy seguida por la gente joven y a su vez utilizadas normalmente como gancho para entablar amistad con los mismos.

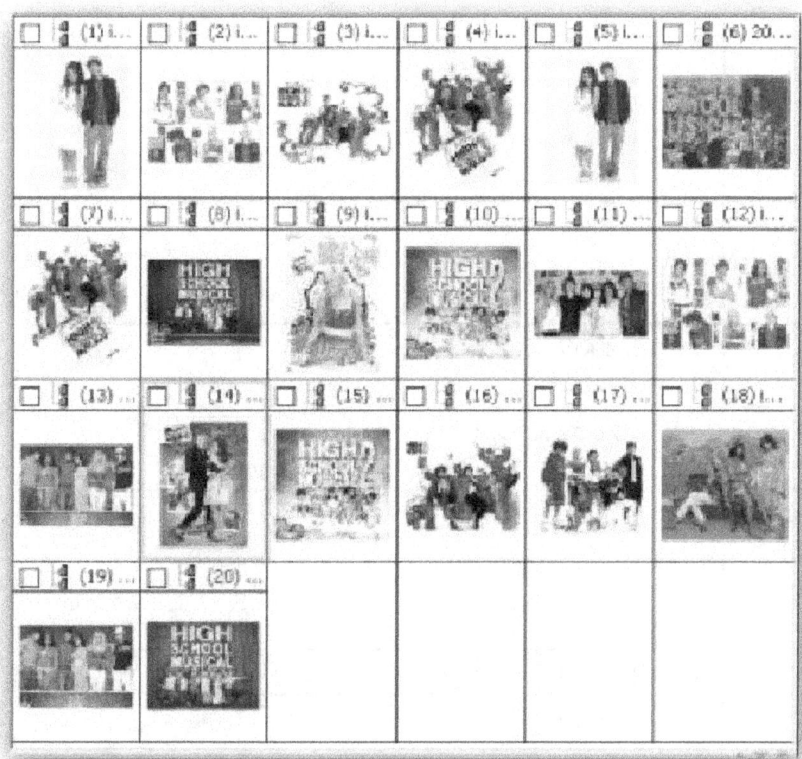

17.- Dominios y páginas visitadas.

URL	Modified Date
http://es.wikipedia.org/wiki/High_School_Musical	19/12/2009 21:06:23
http://www.google.com.co/search?hl=es&q=high+school+musical+sexo&meta=&aq=f&oq= http://politolia.wordpress.com/2007/09/06/escandalo-en-high-school-musical-por-fotos-desnuda-de-vanessa-hudgens	19/12/2009 21:06:23
http://www.google.com.co/search?hl=es&source=hp&q=high+school+musical&meta=&aq=0s&oq=hi+s	19/12/2009 21:07:20
http://tododisney.files.wordpress.com/2009/01/high-s1.jpg	19/12/2009 21:09:02
file:///C:/Documents%20and%20Settings/Administrador/Mis%20documentos/Mis%20im%C3%A1genes/high-s1.jpg	19/12/2009 21:09:29
file:///C:/Documents%20and%20Settings/Administrador/Mis%20documentos/Mis%20im%C3%A1genes/lunar.jpg	19/12/2009 21:19:18

file:///C:/Documents%20and%20Settings/Administrador/Mis%20documentos/Mis%20im%C3%A1genes/pijamada2.gif	19/12/2009 21:22:40
file:///C:/Documents%20and%20Settings/Administrador/Mis%20documentos/Mis%20im%C3%A1genes/pijamada1.jpg	19/12/2009 21:22:53
http://imgsrc.ru	19/12/2009 21:26:45
http://imgsrc.ru/?nc=1261276139	19/12/2009 21:26:57
http://imgsrc.ru/main/join.php?email=scarface-1fisica@hotmail.com&login=scarface&badlogin=-this+login+is+already+registered+on+iMGSRC.RU	19/12/2009 21:27:34
http://imgsrc.ru/main/join2.php?email=scarface1fisica@hotmail.com&login=scarface123	19/12/2009 21:27:47
http://e3.imgsrc.ru/members/album_edit.php?al-d=477093&nc=1261276548	19/12/2009 21:33:41
file:///C:/Documents%20and%20Settings/Administrador/Mis%20documentos/Mis%20archivos%20recibidos/scarface1fisica2116545031/Historial/preciosa.natalia3867614105.xml	19/12/2009 23:04:50
file:///Z:/sexy%20(1).jpg	19/12/2009 23:37:05
file:///Z:/sexy%20(2).jpg	19/12/2009 23:37:06
file:///Z:/sexy%20(3).jpg	19/12/2009 23:37:06
file:///Z:/sexy%20(4).jpg	19/12/2009 23:37:09
file:///Z:/sexy%20(5).jpg	19/12/2009 23:37:15

18.- Búsqueda de URL y Archivos de interés.

Se observan rastros de acceso a la cuenta de Hotmail en la que se aprecia que tiene añadida como contacto a la usuaria "preciosa.natalia@hotmail.com" y como dato de interés, en el perfil de la misma, se puede leer como una de sus preferencias es la afinidad con la serie "high school musical".

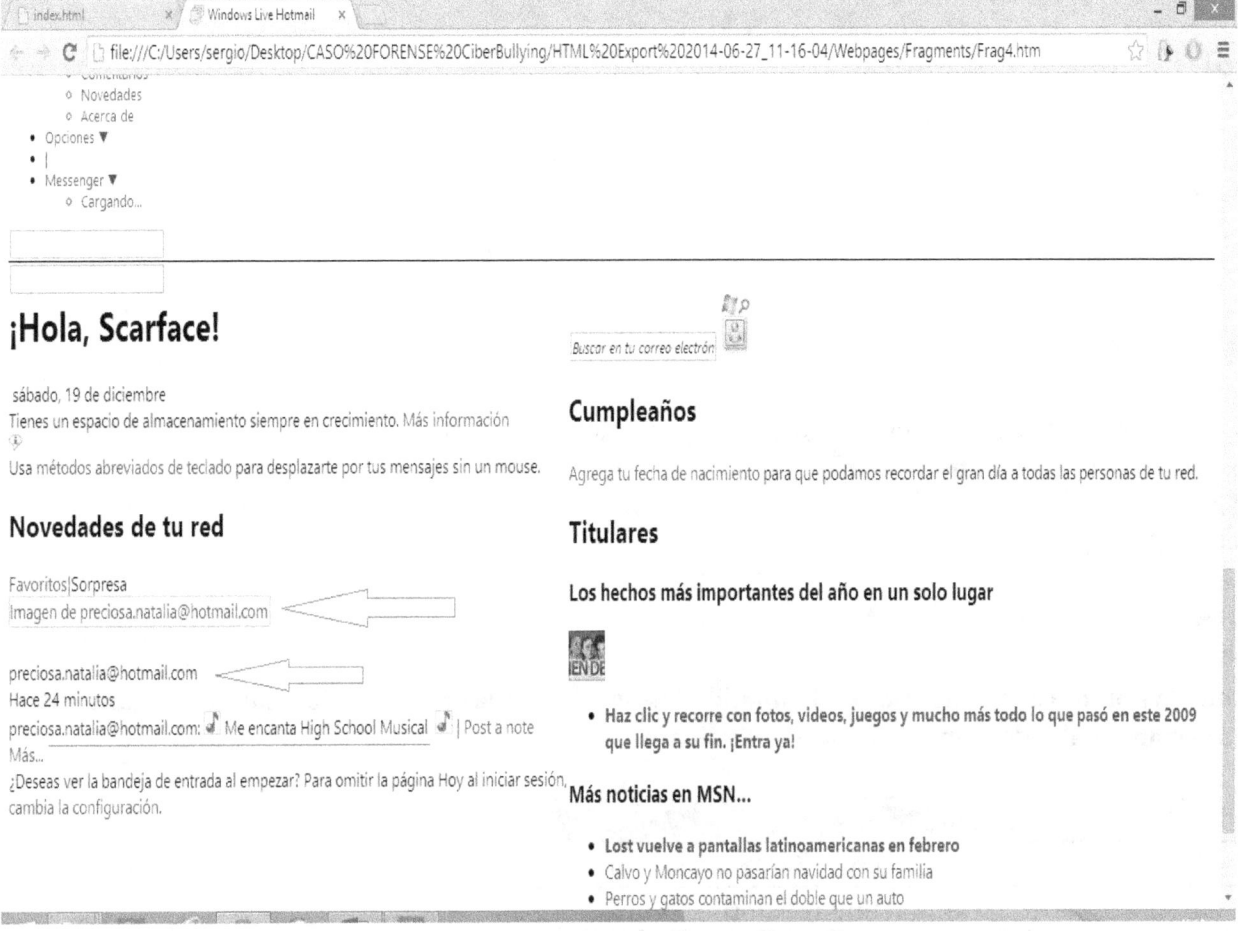

19.- Datos de la dirección principal del correo del sospechoso.

```
iMGSRC.RU registration
De:      iMGSRC.RU (admin@iMGSRC.RU)
         Es posible que no conozcas a este remitente. Marcar como seguro|Marcar como correo no deseado
Enviado: sábado, 19 de diciembre de 2009 09:30:02 p.m.
Para:    scarface123 (scarface1fisica@hotmail.com)

iMGSRC.RU registration data:

login:    scarface123
password: J9FVB779
```

Nos encontramos con un registro en el portal **"ImgSrc.ru"** y tenemos como datos de interés:
E-mail de registro: **"scarface1fisica@hotmail.com"**
Usuario: scarface123
Fecha: 19-12-2009 - 21:27:47

20.- Presuntas Víctimas del sospechoso.

Se efectúa una búsqueda por los Clúster del Hd con la finalidad de localizar a las posibles víctimas del presunto delito que se haya podido cometer dando como resultado lo siguiente:

Usuaria	Email
Natalia	preciosa.natalia@hotmail.com
Camila	camila1linda2@hotmail.com

1.- Imagen de la dirección de correo de la víctima preciosa.natalia@hotmail

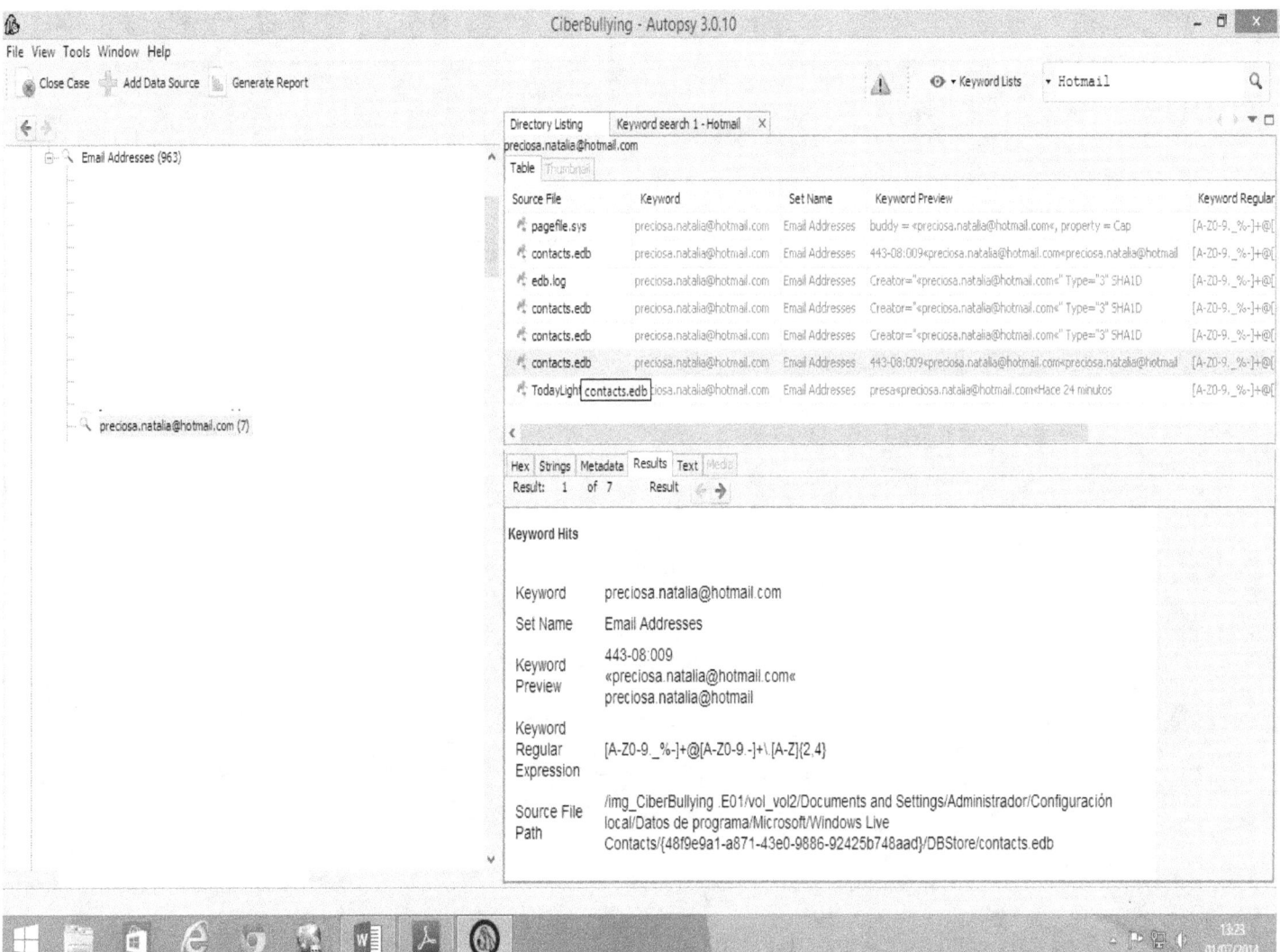

2.- Imagen de la dirección de correo de la víctima camila1linda2@hotmail.com

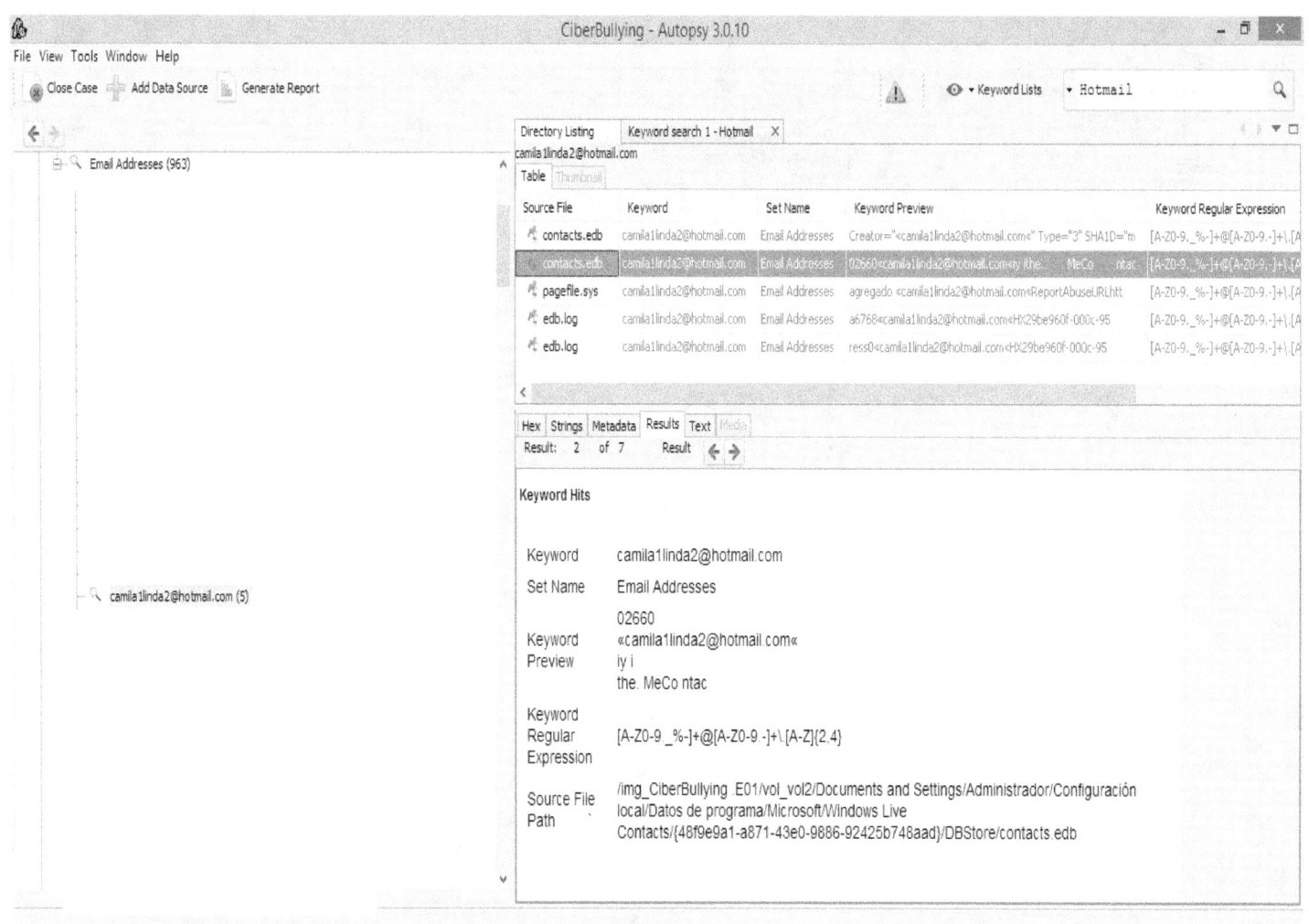

21.- Mandamientos judiciales.

Una vez analizada toda la información obtenida por medio de los diversos procedimientos, se solicita a la Autoridad Judicial los siguientes requerimientos:

- Mandamiento al grupo del chat Windows Live Messenger / MSN para que aporte las direcciones de IP que corresponden con las conversaciones mantenidas entre los usuarios Scarface y Camila y también Natalia y las conversaciones.
- Mandamiento para acceder al correo del usuario scarface1fisica@hotmail.com
- Mandamiento a la empresa ImgSrc.ru para que aporte los datos de registro del usuario Scarface.

22.- Cronología.

A continuación se presenta, un sumario del cronograma de las actividades mas destacables detectadas en el sistema, según la evidencia encontrada y mostrada con anterioridad.
- El Sistema operativo es instalado el 15/12/2009 con nombre de equipo scarface, con cuenta de Administrador y sin contraseña.
- Se encuentra un Volumen cifrado con TrueCrypt, donde contiene imágenes de contenido pedófilo.
- Se puede observar que existen imágenes de las que se pueden catalogar como de "niños/as" adolescentes. Corresponden a una serie "High School Music" muy seguida por la gente joven y a su vez utilizadas normalmente como gancho para entablar amistad con los mismos.
- Se encuentran imágenes de contenido pedófilo.
- El día 20/12/2009 entre las 03:31:05 horas que es la primera conversación mantenida por el usuario scarface y Camila y la última conversación mantenida es 04:13:49 horas del mismo día.
- El día 20/12/2009 entre las 02:20:44 horas que es la primera conversación mantenida por el usuario scarface y Natalia y la última conversación mantenida es 02:21:33 horas del mismo día.

23.- Conclusiones del informe.

- Después de analizar el sistema operativo, y las evidencias que contiene se ha podido comprobar que queda demostrado fehacientemente que scarface es el administrador de este equipo y que tiene instalado software para la ocultación de datos.
- Se puede afirmar también el usuario del sistema analizado poseía Fotografías de contenido pedófilo en el sistema.
- Se encuentra un Volumen oculto y cifrado con TrueCrypt, donde contiene las imágenes de contenido pedófilo.
- Las fotografías descritas eran solicitadas mediante amenazas y engaño a dos usuarias de internet.
"Camila - (Camilallinda2@hotmail.com)" y "Natalia (Preciosa.natalia@hotmail.com)"
- Se puede afirmar que el usuario del sistema analizado, distribuía a través de internet las imágenes descritas.
- Se puede afirmar que el usuario del sistema analizado ha utilizado técnicas Anti-Forense con la intención de ocultar información que pudiera comprometerle e incriminarle ante un ilícito penal.

24.- Recomendaciones a los padres.

- Tener el ordenador en una sala común con la finalidad de poder controlar tanto las horas de conexión como las prácticas, pero sin invadir la intimidad de los usuarios del mismo.
- Asesorar a sus hijos de los riesgos que se corre en internet al entablar conversaciones de carácter íntimo o personales con otras personas, e incluso con aquellos a los que se cree conocer, así como revelar datos personales y/o familiares y mucho menos enviar fotografías íntimas.
- Ante una situación de acoso a sus hijos, primero no tomarse la justicia por su mano y ponerlo cuanto antes en mano de las Autoridades y en segundo lugar, hablar con sus hijos sobre dicho particular y darles confianza por si les sucede un hecho similar al descrito en éste informe se lo comenten cuanto antes y sin miedo alguno.
- Si conocen que alguna amiga/o les sucede o les ha sucedido un hecho que dejen de utilizar la cuenta de correo y el usuario objeto de los ataques de CiberBullying.

ANEXO Tabla de evidencias

ANEXO Tabla de evidencias.	
1 Imágenes	Documents and Settings\Administrador\Configuración local\Archivos Temporales de Internet\Content.IE5
2 Imagen Scarface	C:\Documents and Settings\Administrador\Misdocumentos\Mis imágenes
3 Dirección email Natalia	C:/Documents and Settings/Administrador/Configuración local/Datos de programa/Microsoft/Windows Live Contacts/{2b8788be-f69b-4265-9430-326604e4a5c0}/DBStore/Backup/new/contacts.edb
4 Dirección email Camila	C:/Documents and Settings/Administrador/Configuración local/Datos de programa/Microsoft/Windows Live Contacts/{48f9e9a1-a871-43e0-9886-92425b748aad}/DBStore/contacts.edb
5 Volumen TrueCrypt	C:\Documents and Settings\Administrador\Escritorio\favorito
6 TrueCrypt	Z:\sexy (1).jpg

Anexo 1.- Conversación Windows Live Messenger / MSN.

1.- Conversación chat Windows Live Messenger / MSN

```
1   asi
2   es mas yo tengo algunas, para-
3   ien el cuerpo
4   Natalia dii
5   por que aveces una no alcanza a verse toda
6   me ha pasado
7   tambien tengo algunas fotos
8   de una pijamada con mis amigas
9   Scarface dice:
10  que bien, y te encontraste algo raro?
11  Natalia dice:
12  si, me encontre un lunar negro en la espalda
13  que no sabia que tenia
14  Scarface dice:
15  cuidado con esos lunares
16  pueden ser peligroso
17  podria ser cancer
18  Natalia dice:
19  SI?????
20  que miedo
21  Scarface dice:
22  si, un tipo de cancer de piel, que da por la exposicion a los rayos del sol
23  pero no todos los lunares son peligrosos
24  Natalia dice:
25  y como se si el mio es peligroso
26  Scarface dice:
27  yo tengo experiencia en ese tipo de cancer de piel, por que me dio en un brazo, si quieres me mandas la foto y te digo si es de los malos o no
28  Natalia dice:
29  mmm, bueno ya te la mando
30  Scarface dice:
31  huy, eres preciosa
32  y tienes un cuerpo muy lindo
33  Natalia dice:
34  bobo, mira el lunar, el lunar!!!
35  Scarface dice:
36  jeje), bueno
37  pues en esta foto no aparece muy bien el lunar
38  no puedo ver el contorno
39  aunque si parece peligroso
40  tienes mas fotos donde se pueda ver bien?
41  Natalia dice:
42  si, me tome muchas ese dia, cuando me lo encontre
43  ojala no sea nada malo
44  espera te las mando
45  Scarface dice:
46  estas re bonita en esas fotos
47  super sensual
48  no te da pena mostrarmelas?
49  Natalia dice:
50  no, quiero saber si mi lunar es de cancer o no
51  Scarface dice:
52  voy a analisar muy bien las fotos y mas tarde te digo si es del cancer maligno o no
53  Natalia dice:
54  porfis, porfis
55  porfis
56  no le vas a pasar esas fotos a nadie
57  Scarface dice:
58  no tranquila princesa
59  eso queda entre tu y yo
60  Natalia dice:
61  mi mama me mata donde sepa que tengo fotos asi
62  Scarface dice:
63  y es entendible
64  bueno princesa, ahora te digo lo de tu lunar
65  Natalia dice:
66  estare pendiente conectada
```

NOTAS

www.ingramcontent.com/pod-product-compliance
Lightning Source LLC
Chambersburg PA
CBHW080856170526
45158CB00009B/2747